NOSCE TE IPSUM

El despertar de la palabra

Alexia M. Úbeda Martínez

COLECCIÓN ITES

NOSCE TE IPSUM
EL DESPERTAR DE LA PALABRA

© Alexia M. Úbeda Martínez
© de esta edición: Olé Libros, 2025

ISBN: 979-13-87620-67-7
Depósito legal: V-1790-2025
Impreso en España

KALOSINI, S. L.
Grupo editorial **olé libros**
equipo@olelibros.com
www.olelibros.com

Este es a mis musas y a mis sombras.

*A Medea y a sus males,
que de tanto daño sacaron algo bello.*

La esperanza es algo que ganamos resistiendo
la desesperación y cavando túneles, cortando ventanas,
abriendo puertas, y encontrando a otras personas
que hacen lo mismo. Y existen.

REBECA SOLNIT

Hay que ser muy valiente para vivir con miedo.
Contra lo que se cree comúnmente,
no es siempre el miedo asunto de cobardes.
Para vivir muerto de miedo,
hace falta, en efecto, muchísimo valor.

ÁNGEL GONZÁLEZ

No es indicio de salud estar bien adaptado
a una sociedad profundamente enferma.

JIDDU KRISHNAMURTI

LA MEJOR REVOLUCIÓN:
No darme por vencida,
No entrar en sus cantos de sirena,
No permitirme la amargura,
No dejar un espacio para el odio,
No olvidar la mirada de niña,
No dar por perdida la esperanza.

BEGOÑA ABAD

I.

-El cálido y tortuoso placer de la palabra-

El peligroso y excitante poder de la palabra en llamas,
sujeta en el tiempo y el alma,
levitante,
pululante entre tantas.

La palabra precisa, justa, exacta.
La palabra invicta, intacta,
vacía o alada.

La palabra malva y dorada,
una entre tantas,

pero al fin,

mi palabra.

II.

-Duélanse, mares, de mi sed-

Sed de sangre,
de la propia.
Sed de enjambre,
de derrota.
Sed de anclaje,
de memoria.
Sed de alambre,
de victoria.

III.

Porque yo soy protesta
y araño el infinito con mis garras
aunque el frío queme
aunque el miedo muerda.

Porque yo soy tú y él y ella
todas las constelaciones y ninguna estrella.
Ninguna estrella en mí contengo
cuando olvido el fuego
y en el diente, mella.

Porque yo soy piedra cuando el río tiembla
                y pasto y rocío y precipicio
y un murmullo del gentío a mitad de un grito.

Porque nunca supe nada
y por eso sigo.

IV.

Sueñan las pulgas con vernos rabiar,
sueñan los gatos balcones trepar.
Sueña la niña con malo marchar,
sueñan los cacos con la libertad.

Sueña mi vida con trozo de pan,
sueñan en su sueño canciones cantar,
sueñan sonrisas y velos alzar,
sueña mi madre con la libertad.

Sueñan canciones del bien y del mal,
sueña vibrando aunque siempre al compás.
Sueña mi canto con un día más,
dulces razones que vienen y van.
…

Sueña en lo alto
y no mires atrás.

V.

-Digo mucho, hablo poco-

Somos una generación de locos por decir.
Nos morimos por decir
nacimos para decir
y morimos, al fin,
sin decir.

Y cuando no decimos,
gritamos

y cuando
gritamos,
vencimos.

Y ahora míranos,
callados,
con la palabra en la boca
la boca cerrada

en la punta la chispa
en la lengua la culpa
en la mano una ruina
en la rabia una herida.

Y aún seguimos sin decir

[nada]

Con todo lo que hay por decir
Con todo lo que hay por cantar
Con todo lo que queda por gritar.

Y así permanecemos,
callados,
con la miel en los labios,
la sonrisa callando,
en la mueca el despago.

Porque sin decir,

y aun callando,

vencimos al llanto.

VI.

El amor y el arte de las mujeres rotas
recomponen mis pedazos.

Imagino sus voces,
las dibujo en mi cabeza
y entonces, así, las siento cerca.

El abrazo de la llama compartida
hoy me hace compañía
en esta soledad tan ronca y vacía
que a veces ni siento mía.

Oigo penas y derrotas,
risas enlatadas,
heridas del alma.

Y sus pedazos y desdichas vertebran mi lucha
Y con su canto la alegría vuelve de rodillas
Y con su velo ante mis ojos ya no tengo dudas
Que con su historia la caída ya no me fisura.

Y es que
esas mujeres rotas
estas mujeres rotas
nosotras, las mujeres rotas,
ya no nos ponemos de rodillas.

VII.

-De los cielos marchar-

Ávida de sueños, hambrienta de mar.
Con la templanza del gramófono, una exégesis vital.
De forma constante y perpetua,
viendo atardeceres
                    [de los cielos]
marchar.

VIII.

A veces me siento desconectada
de la gente que quiero,
de la gente que me quiere,
de la gente que dice que me quiere,
pero yo sé que no es para tanto.

Desconectada
de mi edad,
del mar y lo rupestre,

de todo el encanto de un sauce llorando.

A veces me siento desconectada
de mí,
de lo versos
y las fuentes,
de las miradas de encanto
y los gritos de la gente.

IX.

Me siento en el balcón y miro la gente pasar enfrente:
algunos fuman en las ventanas,
y otros corren a toda prisa
buscando esos trenes que son mentira.

Los niños gritan y las madres lloran al llegar a casa,
sabiendo que no es suficiente y que no pueden cambiar nada.

Me paro en la avenida y veo a una pareja que pasea tranquila,
de esas que no saben si les queda un instante, una bala o la
vida.

Pasean los ancianos
cogidos de la mano
con las miradas perdidas,
sabiendo todos los años
que pasaron a escondidas,
todos los errores
y las lecciones aprehendidas.

Vuelan las burbujas del juguete de una niña, que cree pasar
desapercibida, pero que a mí me hace replantearme con
sencillo gesto toda mi vida.

Y de nuevo se me escapan las palabras,
los abrazos que no he dado,
las despedidas a destiempo
y los besos inacabados,
de esos que das despacio
esperando que cambien todo al otro lado.

A veces vuelven,
sigilosas,
desde abajo,
pero no alcanzo a entender sus silencios,
sus quebrantos.

A veces vuelan y las veo en lo alto,
dejándome atrás
como otros tantos.

Entonces todo acaba y
dejo de ver,
tal vez sea ahora
cuando empiezo a ser.

Qué sé yo,

ya están en lo alto
y, como las burbujas,
se han escapado de mi mano.

X.

Hay un sueño que me acecha,
hay un sueño que me alcanza.

En él estoy inmersa en tu trampa,
esa que habita en tu mirada y que
oculta la mentira que me promete
tu calma.

Había fuego en la mirada.

En esos ojos que me aclaman y que
deslizan la mentira que esconde su trama.

Hay dolor en la mirada,
que reza callada,
que espera sentada
y nada le pasa.

XI.

El gran lujo está en mí,
en mi tranquilidad,
en poder vivir:

sin dolor,
sin culpa,
sin rencor

...

por fin.
.
En recuperar las riendas de mi vida,
o en tomarlas por primera vez.

En anteponerme a todo,
en negarme nada.

En dejarme un tiempo hacer nada
y callar el ruido de fuera.
Hay tanto ruido que no recuerdo
la última vez que me escuché a mí.

Pero me escucho ahora,
sí,
ya puedo oír.

En el pozo hay gritos
y manos
y garras
y rostros sin cara,
están todos allí.

Desaprobación,
falacia,

otra vez.

Ya no me puedo oír.

XII.

Si tuviera que romper y desgarrar el mundo entero lo haría,
solo por girarme y verte sonriendo una vez más.

Así, con la boca grande,
como si no hubiera nadie.

Así, ríete fuerte,
rompe el aire a carcajadas
y en el impulso
que su onda expansiva nos arrase a todos.

Ríete fuerte,
sí, así,
como si no importara nada,
como si no nos viera nadie,
como si no valiera el aire.

Ríete,
así,
fuerte,
ríete libre.

Porque si no,
ya nada vale.

XIII.

A veces me pierdo
y parece que nada ni nadie me encuentre.

A veces me pierdo,
y entonces es cuando se pone en marcha mi mente.

A veces me pierdo,
y creo con fuerza que nada me tiene,
que a nadie ya tengo,
que muero de frente.

A veces me pierdo,
y no entiendo de muerte,
de cielo,
del verde,

ya no puedo verte.
.
.
.

A veces me pierdo,
y llega corriendo tu puente,
me arrastra y me mece,
me abraza bien fuerte.

A veces me pierdo,
y puedo notarme inerte,
inverbe,
elocuente.

A veces me encuentro,
y disfruto lo bello que tengo enfrente,
respiro diferente y me acorrala la suerte.

A veces te pienso,
y me veo de nuevo,
te apreso en mi sueño

y me pierdo de nuevo.

XIV.

Llevo tanto tiempo rota que cuando recompongo los *cachitos* no consigo entender su forma. Es como un puzle surrealista en el que nada tiene sentido pero, si lo miras de vuelta, una, dos, tres veces, por fin puedes comprobar que efectivamente no tiene ningún sentido más que el puro regocijo en el ejercicio contemplativo.

Siempre fui una esteta, aunque en mí no supe ver belleza, sí lo sublime en cuanto a terremoto, catástrofe imparable, cadena perpetua. Como mirar la ola del tsunami encima de ti y no saber si correr, aun sabiendo que nada te puede sacar de allí. Fue entonces cuando le pusimos nombre, Medea.

XV.

Medea duerme y me deja respirar.
Medea tiembla y la empiezo a notar.

Presiona mi pecho, me lleva a lo negro
y no encuentro arreglo

ni respiro
ni verano
(¿cuántas veces me ha hecho daño?)

Medea me mece en su oscuro cabello,
susurra de nuevo
y yo caigo en su enredo.

Me dice que calle,
que escuche a lo lejos...
.

     (ahí viene)
.

el quiebre de nuevo.

***

Medea me dice que no hay nada bueno,
que suelte trofeo y me encierre en el fuero.

Aplástala.
Destrózala.
Hazla trizas.
Rómpela.

Medea se escapa,
huye de espaldas y
de a poco poquito,

regresa la calma.

XVI.

-Cantos a Medea-

La sirena de mis mares no me quiere dejar nadar. Abre la boca y con su mensa y melódica melodía —que, aun punzante, siento como dulce susurro— me adormece.

Aprovechando la nada inocente vigilia me saca de mí y ocupa el lugar en el que yo suelo estar, en el que yo quiero estar, en el que yo lucho por estar. Pero, sin gran esfuerzo, ella me consigue sacar, expatriada de mi mente, de mi boca y de mis manos. Enredada en mis adentros al son de su engaño —tan bonito lo hace que termino por creerlo, cual sentencia divina, dogma insensato que me incrusta en las entrañas—.

Una a una, todas sus notas se cuelan en lo más profundo de mi ser y las siento fuerte, muy fuerte, como la presión de cien mil huracanes alborotándose sobre mi piel. Se alimenta de mi llanto, se abraza a mi quebranto y da vida a una ira que no conozco como mía. Medea me imita, toma mis formas y las hace suyas,

son todas suyas,
todas son suyas,
soy toda suya.

–

Pero ya no.
Medea ya no grita,
mis manos no la escuchan y
se quitan las cadenas.

Mis dientes no la escuchan y
terminan la tarea.

Desterrada de mi pecho
ya no encuentro a Medea.

XVII.

-Fumando espero...-

Siempre me ha gustado fumar porque mientras veo el fuego consumir el papel, el humo revela imágenes de dolor entre la pequeña llama, imágenes que son y otras que imagino, maquiavélicamente, como tortura medieval. Dolor punzante y agudo que se precipita entre mis dedos. Y el crepitar de la combustión en miniatura termina por demolerlas, las hace desaparecer, se esfuman y caen los pedazos sobre el cenicero, el sofá o el suelo. Cuando cierro los ojos, me recreo en el frío que corta mi cara, trago el humo —profunda y lentamente—, siento cómo la estaca me perfora y se clava entre mi esternón justo al centro, bien dentro del pecho. La daga me traspasa, trasgrede mis barreras, sobresale a mis formas, ¿cuál será mi forma? Todos mis miedos se parecen. Cuando exhalo y suelto el aire todos esos duelos aparecen y parece que, bailando al son de tribal melodía, se van con él. Todo el dolor se va de mí, huye de mí, lo expulso de mí. Y aunque aún puedo sentirlo en el pecho, como miembro fantasma que oprime mis pulmones y me impide respirar, sé que en cualquier momento la llama se apagará.

XVIII.

-Las palabras que matan-

Las palabras encienden interruptores invisibles que conectan en menos de un segundo el corazón y el pecho. Esas palabras de mis adentros son capaces de volver líquido el cemento que sustenta mis muros. Esas ideas, ininteligibles la mayoría de las veces, me destruyen lento y por completo. Las palabras hablan un lenguaje que comprendo, pero que voy entendiendo mientras se formulan, como cuando el traductor va revelando el secreto. Poco a poco voy uniendo signo y significado y significante y me invento nuevos lenguajes, nuevos sentidos, nuevo embalaje. Qué curioso que todos ellos parecen inventados para matarme de a poco, con gusto y descaro. ¿Puede alguien matarse a sí mismo sin empuñar un cuchillo?

XIX.

-Ya no habitan en mí-

Medea tiene nombre y apellidos, los tiene todos y ninguno, da igual las letras que los compongan. Medea tiene caras y garras y pelos y dientes. Medea tiene pura maldad que moldea con mis formas y mis aristas hasta que llega a todas partes, rellenando todos mis recovecos y dibujándome de nuevo. En su curioso ejercicio, que disfruta como niña, me hace descubrir dolores que no sabía que habitaban en mí. ¿Habitaban en mí?

XX.

-Ni pensar antes de hablar-

Medea habla y yo me callo, me calla, sin saber cómo
ni cuándo, la muy zorra me consigue callar.
Atrapada como presa, me sostiene entre sus brazos,
eternos como el agua, y sonríe más cuando me ve
llorar desesperada,
            implorando tregua, clamando tregua.
Medea me abraza con su garra iracunda y me deja
seca, consumida, sin palabra, sin voz, sin voto.
Cuando Medea me atrapa, posee mi cuerpo y, a
veces, incluso intenta absorber mi alma. Medea
            me mata, me mata, me mata,
me basta con que afloje los brazos y me deje tirada,
—las sobras, las piezas, la nada—
que queda de mí cuando se va y me deja.
Sola.
Desgarrada.
Agotada.
Qué más da. Solo es otro asalto
y para casa.

XXI.

Flaco no me toques con las manos frías,
que te siento hueco,
te pienso incierto
y te huelo ufano.

No te me vayas tan temprano,
que a poquito te acaricia mi alma
y te regala la calma
que como dos fugitivos
supimos soñar al alba.

Flaco,
no me toques cuando estoy a las bravas,
que me acongojan tus silencios
y tu condena me atrapa.
Vuélvete, *flaco,*
quédate un rato en este lado.

Vente despacio
y te prometo el hado,
ese que soñaste aquí a mi lado,
encorvado,
soplando dulce desde
abajo.

Acurrúcate, *flaco.*
Venite presto y trae tabaco,

que no me dura ni el quebranto
si mi fuego reduce a escombros
este barco.

XXII.

Acariciando la vida de a poquito,
saboreando el cielo en un suspiro,
saltando dardos,
perfilando el grafo.

Hay que ver lo bien que nace
cuando me relajo.

XXIII.

Todo lo sólido se desvanece en el aire
y yo me desvanezco en tus dedos,
en tus labios,

en esa caricia
que me regalas despacio,
que me sirve de atajo y

me revela lo humano,
lo que hay al otro lado
más allá del dolor y del quebranto.

XXIV.

Sé que estoy sumida en un halo de privilegio, y aun así no cierro la puerta cuando entro, no soy capaz hoy de mirar hacia el espejo.

Y aunque por un lado sepa que está todo cuidado, que me tengo y que me quiero de tanto en tanto, me atrapa el manto del quebranto y no hay dios que me saque de ahí abajo.

Es injusto para tantas...
cómo voy a quejarme
cómo voy a obsesionarme
cómo romper este lienzo
sin mancharme de olio
sin perder en el intento,
sin caer en el ungüento.

Hoy me he mirado al espejo
y no he podido reconocer los ojos que miraban,
la cara dibujada y la sonrisa maquillada.

Mañana miraré de nuevo y ahí estará,
una cara endemoniada
que me sigue diciendo que nunca valdré

nada.

XXV.

Estaba huyendo de mí y me encontré contigo,
me tendiste una mano y empecé a ver el mundo con los ojos
de quien recupera la fe.

Susurraste despacio y el crono recobró el sentido,
su ritmo,
el latido.

La cuenta a 0,
el engranaje en rojo
al vivo,

sí...

al fin vivo.

XVI.

Todos los caminos que no he tomado me interrogan y delatan.
Todas esas vidas que no he elegido hoy me miran y sonríen,
de lado, con inquina incisiva.
Todas ellas saben cosas que yo nunca sabré,
pero me muero por saber.
Todas me miran y siento sus pupilas como astillas.
¿Serán mejores que la mía?

Hablo de todas esas vidas que dejé marchar y que hoy me
hablan, me susurran como sirenas al alba, retorciendo mi
tímpano con su canto.
Todas esas vidas hoy me llaman, me aclaman y me enfangan.
Todas esas vidas que no conozco se revelan ante mí como
sombras, villanas manieristas que me invitan a saltar al vacío.
¿Qué querrán de mí esas malditas? Sombras que aúllan al
destino, que infunden toda clase de improperios con baladas
armadas. Todas esas vidas hacen corrillo en torno a mí y se
ríen,

ríen,

ríen,

—Ríen de mí—

Todas estas vidas no me hablan del porvenir,
sino de mi miedo al abismo, a no sentir, a perderme
y no encontrar camino.

Todas esas vidas
(al fin lo he entendido)

no hablan de mí.

XXVII.

A veces siento que no llego,
que lucho y lucho,
que corro y corro,
pero aun así yo siento
que nunca llego.

A veces pienso que no valgo,
otras que valgo demasiado,
A veces mido con cuidado
y entiendo que en este mundo no todo lo hace el trabajo.

Meritocracia,
la gran falacia.
Nos la creímos desde niños
y ahora no somos más que vasos rotos.

Pedazos.
Pedazos de alma arrasada por un sistema que nos estanca,
que nos aplaca,
que no avanza.

No avanzo,
siento que no avanzo
siento que trabajo
y corro
y lucho
y me desgarro,

                              Pero parece que no avanzo.

XXVIII.

Conozco a alguien,
que conoce a alguien,
que nos puede hacer soñar.

XXIX.

-Los ricos hablan bajito y comen despacio-

—Mira los ricos, hablan bajito.
—Pero ¿cómo no iban a hablar bajito?

¿No ves que desde ahí arriba el ruido no les toca?

XXX.

-Una ciudad de cien mil cadáveres en su piel-

En el cementerio de mi cordura encontró su miel
y mientras miraba hacia abajo crecía mi sed,
me colocaba su tez, esa forma de ser

[¿y yo ahora qué?]

XXXI.

-Hoy no estoy copulativa-

Hay días en los que no me apetece
ser
estar
ni parecer.

Días en que quiero olvidar todo lo que sé y mirar el
mundo con ojos huecos,
con la inocencia de quien tiene todo por descubrir, de
quien lee un libro nuevo.

Hay días en que me encantaría olvidar quién soy, lo que
he conseguido, de dónde vengo, a dónde voy. (¿alguna vez
he sabido a dónde voy?)

Hay días en los que mataría por tener una mísera idea de
hacia dónde voy.
Hay días en los que simplemente soy, me dejo ser y me
olvido del resto,
aunque uno de esos días no sea hoy.

Hoy no estoy pa nadie
no estoy ni pa mí,
¿cuánto tiempo crees que se puede vivir así?

XXXII.

-You can be a work-in-progress and still love yourself-

El resultado. El resultado. El resultado.
Solo queremos el resultado, la meta, el producto.
Olvidamos lo divino del camino,
la magia de ir averiguando,
poco a poco
el destino,
la causalidad,
la trampa.

Al cabo, el camino

el camino
el camino

Son tantas las veces que he olvidado el camino,
la importancia del gerundio,
el placer del descubrir el mundo.
Son tantas las veces que he maldecido al camino,
tantas las que él acaba conmigo.

No,
aún no ha acabado conmigo,
todavía no han acabado conmigo.

El camino
el maldito camino...
Ahora entiendo
que es mi único amigo.

XXXIII.

Que me encierro y que la rabia y que el llanto.

La llamada de una amiga que te aguanta tanto
que te entiende tanto
que te mantiene a salvo,

que se tumba boca arriba y te agarra del brazo.
.
.
.

Y que caigo y que no aguanto y que qué hago
que qué hago mientras tanto
mientras llega un futuro que se escapa entre mis manos
que me hace caer la gota mientras sufro tanto
y es que sudo tanto
parece que no avanzo.

La balada de un rapero,
el grito de un hermano,
un quejido extraño,
el crac que ya avisa:
llegan tiempos raros.
.
.
.

Subo rimas
bajo dudas
reviso las deudas.
Y me quejo
me hago daño
no encuentro mi hado.

De pronto oigo algo y paro
paso el inventario
y

que no era para tanto,
que ya se me ha pasado.

XXXIV.

-¿Qué buscas?-

Que cuando coja el boli no tiemble mi mano,
que en el silencio encuentre un hueco en el que vibrar alto.

Que vuelvan tiempos buenos si es que un día hubo. No
sentirme como Wendy en este agujero.

Que se termine el interludio y empezar de nuevo,
abrir otro fichero,
dejar que salga el genio.

Tirar para arriba y verme desde lejos,
sonrisita de lado y gesto confiado.

Sentir que se ha acabado,

que por fin lo he logrado.

XXXV.

-¡¿?!-

Aún me sigo preguntando por qué
qué hice mal
qué pude hacer mejor
qué esperabas de mí
qué no vi.

Y desde entonces la pregunta simple y contundente como una
bala en la sien me sigue persiguiendo, continúa dando vueltas
y no soy capaz de escapar de ella:

«por qué»

Y es que busco una explicación a tu silencio,
a tu partida a hurtadillas,
a esa huida ronca revestida de vacío
que retumba en mis oídos

por qué

y de nuevo la pregunta
(por qué)
la condena lapidaria
(por qué)
y el sentimiento de culpa
(de qué)

Sigo sin saber de qué soy culpable
(por qué)

en qué fallé
(por qué)
en qué no di la talla
(por qué)
en qué no te acompañé
(no sé)

.
.
.

Y quizá el problema no está en mí

quizá se escapa a mi entender
y lo único que sé responder
es que nunca lo sabré
y jamás me dirás:

POR QUÉ

XXXVI.

Y llega el día del grito
y del llanto
y de decir todo aquello que he callado.
Y que tanto daño
y que tanto espanto
y que no es pa tanto,
se me va pasando.

XXXVII.

*-Este es un canto a las putas, a las travestis,
a las trabajadoras, a las marginadas-*

Es el canto de las expatriadas, extirpadas, de las tratadas, las perseguidas y las acorraladas. Es un canto que no entiende de fronteras, de banderas ni de patrias. Un canto a las espantadas, a las públicas y a las privadas. Un canto para las torturadas y las asesinadas. Es un relato humilde y molesto que a todas luces queda lejos de una fotografía completa, totalizadora, que encierre entre sus pliegues una realidad vasta, compleja y profunda. Este es un canto a las abandonadas, las olvidadas y las obviadas. Es un grito de guerra que llama a las armas y a las baladas. Esta es la palabra como emblema y como daga, la perversión hecha trizas al son de las sirenas.

Este es el llanto de las desesperadas, de las desesperanzadas, de las agrietadas que en sus grietas nos revelan la trama, la trampa.

Esta es la jaula de un mundo globalizado, que, al tiempo que extiende y desdibuja sus fronteras, hace crecer sus barras.

Este es el manto para las acalladas, la tierra de las colonizadas, de las expropiadas, de las mutiladas.

Es el aullido de un cuerpo violentado que ansía la calma, el silencio en un suspiro al que solo la sepultura da alas.

Es la guerra de las maltratadas, de las silenciadas, de las secuestradas, de las niñas sexualizadas que ganan el pan desde una cama.

Este es el inicio de un fin, que a todas luces está lejos de terminar, pero que ya no consentimos invisibilizar.

Y ojalá que con este canto, por fin, se os devuelvan las alas,
las palabras, la esperanza.

Y qué moneda
Y qué cambio
Y qué desdén el del humano.

Y qué espanto,
Y qué desamparo
que de tu llanto caiga el saco
y caiga en vano.

XXXVIII.

Guardo un viejo sentimiento, tan antiguo como el tiempo, que me lleva a creer que tengo mucho que decir pero no sé cómo, cuánto ni dónde. Siento las palabras latir en mi pecho, el modo en que lo presionan desde dentro, como obreros febriles a punta de verdad contra el patrón. En este caso, siempre he tendido a pensar que el patrón son los otros, el afuera que no me permite hablar, sacar todo aquello que habita en mí, con fervor y marea. Es como un cúmulo pesado, una masa ingente que no logro descifrar, como si se juntasen por un momento todos los lenguajes y Babel cayera destruida. Es una carga primitiva que me acorrala y limita mi existencia, mis esfuerzos y sentidos a lo que allí ocurre, aunque esté lejos de entenderlo.

Todo lo siento en el pecho: el dolor, la angustia, la ira, la desesperación, el miedo. Pero también cuando estoy pletórica noto el estallido, el ruido del amor y la ilusión allí, en el centro del torso, como abejas en su enjambre.

Todo lo siento en el pecho: la impotencia, la incertidumbre, el desaliento. Es como si todo mi ser se concentrara allí dentro. Lejos de todo, cerca de mí o de esa concepción en la que creo. Todo se concentra ahí adentro.

XXXIX.

-«Que no me callan en ninguna parte»-

Este hambre de decir no combina con sus ansias de acallar, con sus idas y venidas, con su licencia *pa matar, pa silenciar* a toda una generación que apellidan de cristal.
Que esta sed de venganza se entromete entre sus clanes y viene a aplastar sus planes de verdad, su estrategia deliberada, ese anhelo de arrasar.

Y aquí seguimos tantos,
diciendo todo, callando a tragos,
bebiendo espanto y catando el fango.

Que ya no compro sus banderas sus discursos sus problemas.
Que ya no paso su soberbia por su esquina y sus rabietas.
Que ya no bailo con sus lobos y gacetas, que ya no compro, no, yo ya no compro sus papeletas.

Yo ya no cobro sus injurias ni retuerzo mis penas
en pro de sus proezas.

Que no, que no me brillan más los ojos en jaurías de dientes que sacan la leche y aplastan el brik.
Que ya está bien de esto y de aquello y del bucle y del vasto jardín en el que nos han enredado.
Que no, que basta ya,
que no me mandan *a callar.*

De silencios y quebrantos
De la sed de libertad

De tantas y tantos que nos plantamos porque no podemos más
y que no podemos más
que no nos manden *a callar*.

Que ya vienen golondrinas y que vienen *pa escuchar* y gritar y vocear
Que vamos a las calles ya dispuestos a luchar y a quemar y a quebrar
toda esta farsa a la que llaman bien y mal.
Maniqueísmo marciano que no entiende de humildad de
humanidad de estas ansias de lanzar contra el viento y la marea
toda nuestra purita verdad.

Mamá, que no nos dejan escuchar, que solo hablan de verdad
cuando ven que entre sus datos solo somos una estadística más y
no hay verdad, mamá, que no la encuentro más, que no la veo ya.

¿algún día hubo verdad?

Mas en sus ansias de realidad es donde verán el huracán
y ya vendrá.
El mañana que tantos nos dicen que en algún momento llegará,
¿mas qué verdad, mamá, qué realidad habrá?

Las astutas golondrinas dicen que un día llegarán y ya no hay más
que rabia
que pena
que insolencia
que una silueta maltrecha.

Y qué impotencia, mamá.
Pero, como dicen,

ya llegará.

XL.

La incerteza,
la inseguridad,
el rechazo.

Siento el miedo del abrazo, de la ofrenda,
el puñetazo.

Siento el miedo de mi lado.
La ausencia,
el desamparo.
Siento la herida en mi costado.

Siento el miedo a mi lado. Mira cómo me mira, sonrisa
maligna, gesto torcido, ceño entredicho. Me acaricia con sus
garras y me mece en sus descaros.
Siento el miedo de este lado. Lo reconozco, le miro a los ojos,
de frente, mentón alto aun en mi muerte. Siento la presión
en el pecho y el dolor en el alma, es como si retorcieran cada
parte de mi ser, como si en caprichoso ejercicio me arrancaran
las entrañas, de a poquito, retorciendo. Me siento pequeña y
vulnerable, más vulnerable que nunca.

Pero le miro a los ojos, no aparto la mirada ni un segundo.
Aunque el llanto, aunque la rabia, aunque el miedo, yo no
aparto la mirada.

Que no aparto la mirada porque lo reconozco, lo reconozco mío, lo reconozco, lo he visto tantas veces en mí, lo reconozco. Veo en él su inicio, el germen, el principio, por fin, por fin le veo el sentido. Ese miedo, ese miedo compañero, que en tantos ruedos me ha metido. Ahora veo ese miedo mío, ese miedo que no es mío.

Que ese miedo no soy yo.

Lo transito. Y en el camino, aquí conmigo, me perdono, me acaricio, me permito. Me permito ser, me permito llorar, me permito gritar. Todo lo saco hasta nada quedar. Todo está fuera ya, o casi todo. En grito desgarrado lo sigo mirando, va empequeñeciendo, pierde el tallo. Ahora sé que el miedo va cesando. Ya no es mío, que no es mío. Ahora sé que nunca fue mío, solo vino. Y con mis garras hoy lo aniquilo, ya no es mío.

Y se acabó. El decreto sentenció, la palabra lo apagó.

Epílogo

Nietzsche dice que, si miras fijamente al abismo, el abismo te devuelve la mirada y que, si luchas contra los monstruos, debes cuidarte de no convertirte en uno de ellos. Pero ¿qué pasa cuando el abismo habita en tus entrañas?, ¿qué se hace cuando el monstruo se apodera de ti? Para estos casos, mi madre me enseñó a rezar, sin embargo —y aun a tientas—, lo que yo siempre hice fue ponerme a escribir.

Llevo tanta vida luchando contra monstruos, fantasmas y demonios que sería incapaz de establecer el rito iniciático que me llevó a la primera batalla. Supongo que esto es algo que nos pasa a todas y todos; más si cabe en este mundo nuestro, de ritmo frenético, casi esquizofrénico, que nos muestra un abismo distinto a cada vuelta y cada esquina. No obstante, entre monstruos, fantasmas y demonios, fui capaz de ver luz, claridad, esperanza y, a momentos —aunque en ocasiones pudo parecer impensable e imposible—, he sido capaz de recuperar la paz.

Por todo ello, este poemario es un grito al cielo, una caída en picado y una visita al vacío, a todos y cada uno de los agujeros negros que en algún momento habitaron en mí. También es un canto a la esperanza, un testimonio de resiliencia y una colección de pequeñas victorias, que fueron más allá de la venganza, el odio y la impotencia.

Este es, en definitiva, un quejido a las bravas, que busca recolocar y poner orden a un conjunto de pedazos, derivados de la ruptura de un ser incesantemente partido y reconstruido, tanto por sí mismo como por el mundo; por el ruido de afuera, por el llanto de adentro, por la cura de una, por el manto de ellxs. Es el relato intimista de una voz que se cuestiona, que cuestiona todo, todo el tiempo, y cuyos interrogantes desfilan como armas lanzadas a distancia contra cada uno de los espacios de su(s) realidad(es).

Esta es una llamada a la pausa, a la espera, a la reflexión: un espacio para reconectar, parar en seco, pensar con la mayor claridad posible y reestablecer de nuevo el ritmo. Es un ejercicio a medio camino entre la consciencia y la inconsciencia —casi mecánico en ocasiones, orgánico todas ellas— que permite la racionalización emocional desde un prisma que huye del artificio y de las interpretaciones que —como las sirenas y en los maleficios— los monstruos, fantasmas y demonios cantan en tu oído cuando menos te lo esperas.

Todo lo expresado y explicado hasta el momento, pone de manifiesto que *Nosce te ipsum. El despertar de la palabra* se trata, como se indica ya desde el mismo título, de un homenaje a la palabra. La palabra aquí adquiere multitud de formas, valores y sentidos, nuevos significados que van apareciendo en el proceso de escritura, resignificaciones y pérdidas. Un juego polifónico en el que el proceso de crecimiento hace que nazcan nuevos discursos y lenguajes, nuevas visiones, otras formas de entender el mundo y a una misma.

La palabra es entendida aquí como soporte del alma, como lenguaje del espíritu, como el medio que permite conectar el mundo del *ser* y el mundo material. Un puente entre dos aguas que logra traducir e interpretar, nombrar y exorcizar, conocer y, de pronto —a las veces cual milagro—, superar. Los versos que habitan y dan forma a este libro no son otra cosa que una relectura del propio lenguaje, un atlas de la propia palabra, un estudio del discurso aprendido, el heredado y, por fin, del propiamente elaborado.

Es un dibujo de la pérdida de la palabra, de la ausencia de la voz, de la incapacidad de expresar y comunicar. Al mismo tiempo, es la reconquista de una misma y de la propia palabra; es el relato de la creación de nuevos espacios de enunciación, generados como una suerte de mundos posibles en los que revivir y perdonarse una y otra vez. Es una alabanza al grafo como principio emancipador, como arma de doble filo, como medio y también como fin. Aquí se muestra la palabra como única estrategia, como amiga y compañera, como salvavidas y frontera.

Así, en tanto autora e intérprete de palabras, me imagino como hechicera, frente al fuego, mirando al cielo y descifrando lenguajes lejanos en el horizonte de la madrugada. Esas palabras salen de mí, emergen de lo más profundo y me permiten entender qué es lo que pasa más allá de mi entendimiento: qué dicen esos monstruos, qué quieren los fantasmas, por qué aparecen los demonios. Y batallo, batallo con furia, a sangre y fuego, hasta recobrar la templanza, que siento caer sobre mí como agua helada. Esta es la forma más gráfica que tengo de explicar el proceso de escritura de estos poemas y, sobre todo, lo que ha significado para mí sacarlos, darles vida. Esto me ha permitido dar forma al dolor, a la angustia, a la ansiedad. Especialmente —y, para mí, lo más importante—, me han permitido mirar a *Medea* a los ojos, sin bajar la mirada, con la frente alta y la esperanza avivada.

Esto es para mí la escritura, un juego —a veces macabro, aunque siempre liberador— que me lleva a entenderme a mí misma mejor, a convivir con el abismo, a liberar la culpa y a vivir más tranquila. Me permite crear un oasis de paz y tranquilidad, un terreno (o habitación) propio en el que ser y sentir libremente, sin prejuicios ni injurias profanadas por una misma. Una batalla a sangre fría donde solo consigo ganar cuando empuño la palabra.

Así que a todas y todos los que compartís conmigo guerras y asperezas, a quienes me acompañáis en el camino, sin juzgar mis batallas y facilitándome las victorias:

gracias.

ÍNDICE

.